Grujo et l'arc-en-ciel intérieur

Conception et illustrations : Patrick Arguin
Collaboration et textes : Michèle Rappe
Support, coaching et collaboration : Hélène Beaudette

Pour avoir permis à OUTILS POUR LA VIE de voir le jour par sa présence bienveillante et son support inconditionnel, j'offre à Hélène Beaudette toute ma joie et ma gratitude. Mille fois merci !!

Papa Soleil et maman la Terre ont créé
un magnifique jardin qu'ils aiment énormément.
Leur coeur est rempli d'amour et de joie.

Cependant, il y a des coins du jardin qui semblent s'assombrir. Papa Soleil et maman la Terre voient parfois de la tristesse.

– Comment aider le jardin à retrouver la joie?
s'inquiète maman la Terre.
– J'ai demandé conseil à notre amie la Lune,
dit papa Soleil, et je vais m'en occuper.

Papa Soleil parcourt le jardin et tout à coup,
il entend un petit écureuil pleurer.
– Bonjour Grujo, dit papa Soleil. Que t'arrive-t-il?
– Tout va mal, sanglotte le petit écureuil. Je me sens seul. Tout est gris!

– Oh! C'est vrai que la tristesse ressemble à de gros nuages gris, répond papa Soleil, mais sais-tu qu'il y a un très bel arc-en-ciel dans ton coeur?

Grujo ne comprend pas ce que raconte papa Soleil.
– Comment peut-il y avoir un arc-en-ciel dans mon
coeur? interroge-t-il.

– Viens avec moi, propose papa Soleil.
Trouvons un coin tranquille, et je vais t'expliquer
comment le découvrir.

Grujo s'est installé près de la cascade
pour écouter papa Soleil parler de l'arc-en-ciel.
Assis confortablement, il entend le chant de l'eau
et il ferme les yeux.

Tout d'abord Grujo, dit papa Soleil, inspire lentement
en gonflant tranquillement le ventre.
Puis expire tout doucement. Encore...
Inspire. Hmffffffffffffffffffffffff !
Expire. Pfffffffffffffffffffffffffffff !

Grujo prend plusieurs respirations
lentes et profondes.

Grujo se sent plus calme.
Un lutin orange apparaît et lui parle avec gentillesse.

– Imagine que tu es en haut d'un escalier, dit Orange.
Commence lentement à descendre les marches.
7... 6.... 5..... 4...... 3....... 2.......1
Devant toi, il y a une porte, et nous allons l'ouvrir ensemble
pour découvrir un endroit extraordinaire.

Le petit écureuil est bien, il écoute les paroles d'Orange. Maintenant, dit le lutin, imagine que tu arrives dans un très beau jardin.

Il y a des arbres magnifiques, des fleurs de toutes les couleurs, une belle rivière...
– Regarde toutes les merveilles qui apparaissent.

Grujo poursuit la découverte de ce jardin intérieur avec le lutin. Il prend tout son temps pour l'explorer. Enfin, Orange lui montre le bel arc-en-ciel dont avait parlé papa Soleil.

Le petit écureuil se sent enveloppé par une belle lumière orange. Il ressent beaucoup de douceur; cela ressemble à l'amour de maman la Terre.

Orange dit alors à Grujo :
– Chaque fois que tu le souhaites, tu peux descendre l'escalier et venir dans cet endroit. La lumière de ton arc-en-ciel de sagesse t'aidera à chasser les nuages gris. Même si tu ne la vois pas, cette lumière est toujours présente dans ton coeur.

Papa Soleil caresse doucement
Grujo qui ouvre les yeux et sourit.
Les nuages sont partis !

– Dis-moi papa Soleil, c'est quoi la sagesse ?
– C'est quand on écoute ce qu'il y a dans notre coeur et parfois... on a besoin d'aide pour bien entendre, alors les lutins nous accompagnent.

Papa Soleil salue Grujo et il poursuit sa route.
Petit à petit, les coins gris du jardin reçoivent sa
visite et apprennent l'importance de retourner
dans leur coeur pour retrouver le bien-être.

Ce soir là, avant de se coucher, Grujo a pensé au lutin. Il a aussi songé à maman la Terre et à papa Soleil en se rappelant leur amour.

Dans le jardin veillé par la Lune, on entend un doux murmure, celui des rires et de la joie retrouvée.

Rappelle-toi...

Comment faire pour retrouver ma joie?

Quand tu prends le temps de méditer et d'aller dans ton cœur pour retrouver ton arc-en-ciel intérieur, cela t'aide à disperser les nuages de tristesse. La joie réapparait, comme le soleil après la pluie.

Si je médite et que ma tristesse ne s'en va pas, que faire?

Si la tristesse demeure en toi ou si elle revient trop souvent, partage ton chagrin ou ton inquiétude à un adulte de confiance qui saura t'écouter.

Si je ne suis pas triste, à quoi sert la méditation?

Quand tu as besoin d'un moment de calme, et peu importe où tu te trouves, tu peux prendre quelques minutes pour méditer. Tu peux aussi méditer pour le simple plaisir d'être bien!

La collection de livres

Outils pour la vie

Pour la confiance et l'estime de soi

1 Papa Soleil et maman la Terre créent la vie

La respiration/Garder ou retrouver son rythme

Respirer est essentiel à la vie; bien respirer est un formidable outil pour retrouver le calme et la paix en étant à l'écoute de son corps et de son rythme personnel.

2 Grujo et l'arc-en-ciel intérieur

La méditation/Retrouver son calme intérieur

En chacun, il y a un havre de paix et de sagesse; la méditation est un outil pour établir ou rétablir le contact avec cet espace personnel.

3 Colin découvre la confiance

L'enracinement/ Développer la confiance et la force

Grandir est une succession d'étapes importantes qui s'accompagnent parfois d'hésitations et de peurs; la confiance en soi solidifie la base, les racines…

4 Colin, Grujo et l'amitié

La connaissance de soi/Aimer et apprécier

Établir des relations saines avec les autres suppose que la confiance en soi et l'estime de soi soient de plus en plus présentes; apprendre à s'apprécier est un cadeau pour la vie.

5 Le choix...

Le discernement/Être à l'écoute de soi

Apprendre à écouter la petite voix intérieure et à lui faire confiance, c'est apprendre à garder son cap dans toutes les situations.

6 Le courage de Colin

L'affirmation/Se faire confiance

S'affirmer n'est pas s'opposer, mais s'appuyer, avec confiance, sur l'estime de soi pour prendre sa place et la conserver dans le respect de soi et des autres.

7 Trop... c'est trop !

Le respect de soi/Oser être soi-même

Établir une bonne communication implique aussi d'exprimer ses émotions et son état d'être de façon adéquate. Cela ressemble, parfois, à un défi !

8 Grujo retrouve son bien-être

La responsabilisation de soi/ Encourager l'autonomie

Grandir, c'est aussi apprendre à gérer ses émotions, acquérir de plus en plus d'autonomie et également se responsabiliser.

Les ateliers

Outils pour la vie
Pour la confiance et l'estime de soi

Conçus spécialement pour les petits, les ateliers sont l'occasion d'explorer en groupe les différentes thématiques abordées dans les histoires de la collection Outils pour la vie. Accessibles et variés, ils permettent d'outiller l'enfant afin qu'il puisse mieux se connaître et renforcer sa confiance et son estime de soi.

La méditation...
Élément-clé des ateliers, la méditation est un merveilleux outil d'autorégulation physiologique, mentale, et émotionnelle que les enfants peuvent apprendre facilement.

Pour en savoir plus, consultez le site Internet :
www.outilspourlavie.com